PLAIDOYER

DE M. DE BROÉ,

AVOCAT-GÉNÉRAL,

DANS L'AFFAIRE

DU CONSTITUTIONNEL.

PARIS,

WARÉE FILS, LIBRAIRE, AU PALAIS DE JUSTICE;

ET CHEZ TOUS LES LIBRAIRES DU PALAIS-ROYAL.

1825.

Imprimerie de MIGNERET , rue du Dragon , N.º 20.

PLAIDOYER

DE M. DE BROÉ,

AVOCAT-GÉNÉRAL,

DANS L'AFFAIRE DU CONSTITUTIONNEL.

MESSIEURS,

LA loi qui vous confie la *police des journaux*, ordonne des plaidoiries. Il faut donc que nous prenions la parole.

Déjà, dans d'autres affaires de cette nature, les
défenseurs vous avaient fait part de leur embarras à
satisfaire au vœu de la loi. Comment, vous disaient-
ils, discuter utilement sur une *succession d'articles?*
Comment, sur des faits nombreux, sur tant de propositions, sur tant de détails, dire tout ce qu'il y
aurait à dire ?

Et, en effet, nous avons vu qu'après plus, ou
moins de paroles consacrées à effleurer une par-

tie du sujet , le ministère public et les avocats ont toujours été forcés d'en revenir à l'examen des magistrats,à la chambre du Conseil , d'en appeller à la Cour elle-même , et de lui céder un terrain qui se refusait à une véritable discussion judiciaire. La force des choses même , a tellement paru faire rentrer ces procès parmi ceux qui s'instruisent par écrit, que ce furent les journalistes inculpés qui , les premiers , sentirent le besoin de faire imprimer tout exprès pour les délibérations de la Cour, la série des articles dénoncés.

Lorsque l'expérience nous a ainsi appris l'insuffisance des plaidoiries dans ces sortes d'affaires, vous pensez bien , Messieurs , que nous nous efforcerons de restreindre dans de justes bornes la tâche qui nous est imposée.

Et d'ailleurs , il s'en faut bien que ce procès soit, dans la réalité , ce que les journaux intéressés se sont plus à en faire , et ce que des esprits prévenus ont cru ou voulu y voir. Rétablir les choses dans leurs véritables termes, doit être notre premier soin.

C'est un droit incontestable , dans notre organisation politique, que de discuter sur les matières religieuses. En admettant le principe de la liberté des cultes , la Charte constitutionnelle a consacré ce droit.

Mais, c'est aussi un principe incontestable, que respect est dû à la Religion. L'homme assez malheureux pour ne pas trouver ce sentiment gravé dans son cœur, le trouverait écrit dans la loi.

Ainsi, que l'on disserte sur les points qui divisent

malheureusement le Christianisme; que chaque Communion expose et défend ses doctrines ; que le zèle
aille même jusqu'à critiquer et combattre les croyances
opposées , rien que de légal dans tout cela. Mais ,
que par un dénigrement systématique , par des insultes , des moqueries , des mensonges , on cherche
à déverser le mépris sur la Religion ; c'est là qu'est
l'abus , la violation de la loi. La controverse est per-
mise ; l'outrage ne l'est pas. Telle est la règle unani-
mement consacrée dans toutes les discussions sur nos
lois de la presse.

Lors de ces discussions , et par une disposition
d'esprit digne de la loyauté française , on s'occupa
toujours beaucoup de conserver aux religions autres
que celle de l'Etat , l'égalité de protection qui leur
était promise. Mais , entendit-on jamais que la religion
de l'État dût demeurer en dehors de la protection
de la loi? Non certes, Messieurs. Et c'est cependant
dans ce sens que certains hommes voudraient interpréter la loi! Or , nous ne venons vous demander ici
qu'une seule chose ; c'est cette égale protection as-
surée par le pacte fondamental.

« Mais, que parlons-nous de la religion de l'État ?
Oui , sans doute , c'est à elle qu'on s'en prend pour
le moment; c'est à elle qu'on en veut en apparence.
Mais , croyez-vous bien que ce soient des *réfor-
mateurs* qui nous parlent ? Ne voyez-vous pas leur
but ? Et , au terme de la carrière dans laquelle ils
voudraient nous lancer de nouveau , n'apercevez-
vous pas la bannière toute sanglante encore de la révolte et de l'impiété ?

Non, Messieurs, ce ne sont pas des doctrines théologiques que vous avez à juger ici. Il ne s'agit pas, comme on s'est plu à l'avancer, d'une querelle entre le protestantisme et le catholicisme. Rien de cela. Et, disons-le sur le champ, tout ce qu'il y a d'honorable et de sincère au sein des religions dissidentes, déplore avec nous les attaques journalières de ces nouveaux docteurs, de ces prédicateurs sans mission, qui ne veulent que détruire, et pour lesquels le protestantisme n'est qu'un moyen, un prétexte. Ce sont les protestans eux-mêmes qui disent à ces hommes : « Qui donc êtes-vous, pour vous emparer ainsi de notre nom ! Vous n'êtes pas même » de notre communion ?.... Non, vous n'en êtes pas, » car vous manquez à la reconnaissance. Quand nous « jouissons de la paix, d'une protection partout égale » et juste, pourquoi nous présentez-vous comme » persécutés ? Qui vous a chargés d'un prosélytisme » détracteur que nous repoussons ? Reprenez votre » feinte amitié ; nous n'en sommes pas dupes : nous » ne voyons en vous que l'ennemi commun. »

Mais, Messieurs, les méchans sont habiles à profiter de tout. Les ministres de la religion sont hommes ; et, partout où il y a des hommes, il y a nécessairement des fautes. Qu'importe aux adversaires de la religion tout le bien que font dans les villes, et jusque dans les derniers hameaux tant de dignes Évêques et de respectables pasteurs, répandant partout les les consolations, les encouragemens, les exemples, les bienfaits, les aumônes ? Que leur importent les difficultés que rencontrent à chaque pas, dans le temps où nous vivons, des prêtres partout placés en présence des déplorables fruits d'une longue révolution ? Tout cela, on le dissimule, on le tait ; on n'en tient aucun compte: ou si, un jour, un éloge est donné, le sens secret qu'on y attache se montre trop bien. Mais, y a-t-il eu quelque part une imprudence, une maladresse, un excès de zèle ? Bien vite on l'enregistre, on l'empoisonne, on en fait grand fracas. Les actions les plus indifférentes, on les travestit ; le plus souvent ce sont des faits controuvés qu'on publie ; ou si, par malheur, un homme a dégradé le caractère sacré dont il était revêtu, l'empressement qu'on met à en rendre confident le public, montre assez le désir qu'on a de flétrir le sacerdoce en faisant peser sur lui une indigne solidarité.

Non, Messieurs, employer de semblables moyens pour avilir la religion ; tenir le clergé tout entier en état d'accusation permanente devant la France ; ce n'est pas soutenir une thèse théologique ; c'est offenser la loi.

Il est un autre moyen qu'on met en œuvre encore pour exciter la haine contre la religion. On en fait un fantôme avide et menaçant qui en veut à tous les droits, et qui va bientôt engloutir l'État lui-même. Ici, revient encore le principe.

Qu'on discute sur une célèbre société religieuse, sur les inconvéniens ou les dangers de son admission en France ; qu'on fasse valoir contre elle toutes les anciennes autorités ; qu'on traite la question sous les rapports nouveaux qui tiennent à notre époque ; en agissant ainsi, on use d'un droit légal, d'un droit qu'en d'autres temps exercèrent de brillans génies, des hommes dont la piété n'était pas suspecte. Loin, bien loin de nous de faire jamais un reproche d'une pareille discussion.

Sans doute, on a aussi le droit de censurer les actes, les systèmes, les doctrines qui sembleraient méconnaître les libertés de l'église gallicane. Et, si cette discussion est fondée; si elle est décente (comme elles doivent toutes l'être en pareille matière); si l'on y voit briller la bonne foi, l'amour de la religion, le respect des choses saintes; loin de combattre de pareils efforts, le ministère public sera le premier à y applaudir, comme il sera le premier à agir lui-même, si des cas se présentent qui rentrent dans le cercle dans lequel nos lois nouvelles ont circonscrit l'autorité judiciaire.

Mais, qu'on s'empare avec perfidie de mots qu'on est trop heureux d'avoir à sa disposition ; que, sous les expressions de *jésuitisme*, *d'ultramontanisme*, on attaque, on déchire la religion elle-même ; que tout prêtre soit un *jésuite*, tout homme pieux un *ultramontain*, un *membre de la congrégation*; qu'à l'aide de ces dénominations on cherche à flétrir, à rendre odieux tout ce qui tient à la religion de l'É-tat ; ce n'est plus là user d'un droit, soutenir une thèse théologique; c'est violer la loi.

Hélas ! Messieurs, n'avons-nous pas trop bien appris à la connaître cette funeste influence des mots ainsi détournés de leur acception première, et employés pour détruire en masse les choses ? A une épo-

que trop récente encore, que n'a-t-on pas fait avec
des mots ? Il en est un surtout qu'on commença
par répéter chaque jour dans les journaux, dans les
brochures, et dont on eût bientôt fait une sorte de
monstre auquel l'imagination du peuple prêta une
réalité dont plus tard on vit les effets. Dans l'ori-
gine cependant, cette classe qu'alors on nommait
les aristocrates, était sans doute l'objet et peut-être
la cause de quelques abus. Mais, quand on eut créé
le fantôme, que firent ceux qui l'avaient inventé ?
Purent-ils arrêter les hommes dont ils avaient cor-
rompu la raison ? Donnèrent-ils le pouvoir de dis-
tinguer le bien du mal, à ceux que les passions, l'in-
térêt, l'ignorance portent toujours à confondre le
tout avec la partie ? Non, Messieurs ; le torrent mar-
cha, parce qu'il était lancé. Le mal se consomma ;
l'égarement devint crime : il fallut que ses destinées
s'accomplissent.

Rien de nouveau dans le monde ; on l'a dit. C'est
encore aujourd'hui derrière des mots, ou si l'on veut
derrière des abus, qu'on se place pour attaquer la
chose tout entière.

. Oui, Messieurs, telle est la vérité ; et tout homme
impartial la reconnaîtra, s'il examine de bonne foi et
d'après le vœu de la loi, l'esprit de la série d'articles
dénoncés du journal qui s'intitule le *Constitutionnel*.
Cette vérité pourtant, nous comprenons que ce
soit précisément elle qu'on niera : il le faut bien,
puisque c'est le seul moyen de défense. Eh bien !
entre le ministère public qui affirme et la défense qui
nie, vous serez juges, Messieurs. Les pièces du pro-

cès sont là ; les paroles n'y peuvent rien changer : vous lirez, vous jugerez ; c'est toujours (comme nous le disions en commençant), c'est toujours à ce point qu'il en faut revenir.

Nous avons dit que l'objet de l'action du ministère public était fixé. Et, en effet, Messieurs, aucun des articles qui ont pu sembler plus particulièrement consacrés aux attaques licites que nous venons d'indiquer, ne vous est soumis. Tous ont été écartés.

Le ministère public a fait plus : toutes les fois que, dans certains articles, il s'est trouvé en même temps des attaques de cette nature et des attaques contre la religion, toute la première partie a été spécialement exclue, et laissée en dehors de l'incrimination. Et, pour que l'intention à cet égard ne pût être un instant douteuse, nous ne nous sommes pas contentés, dans l'assignation que nous avons donnée, d'indiquer par premiers et derniers mots (comme cela s'était fait précédemment), les articles incriminés : nous en avons fait dresser un cahier dans lequel chaque article a été copié mot à mot dans les seules parties dénoncées. Cette copie a été signifiée dès le 20 août dernier.

Ce n'est pas tout encore ; et, pour ôter toute ressource à l'équivoque , on a eu soin , dans la copie signifiée, de souligner certains passages, non qu'ils fussent précisément les seuls auxquels s'appliquent les reproches, mais afin de montrer encore, par ce nouveau moyen, que nous rejettions en dehors du procès tous les points qui lui sont étrangers.

Enfin, Messieurs, nous avons fait imprimer ce cahier avec les mêmes exclusions et les mêmes indications ; nous l'avons fait distribuer à chacun de vous, ainsi qu'aux avocats. Les feuilles elles-mêmes du journal vous seront remises. Vous pourrez prendre connaissance des parties retranchées : nous vous y engageons même ; et partout vous retrouverez les traces du même esprit.

C'est dans cet état que se présente cette cause, sur laquelle, depuis trois mois, on a tant cherché à égarer l'opinion publique.

Les articles signalés sont au nombre de 34 ; ils commencent au 2 mai et finissent au 25 juillet. Le ministère public a cru inutile d'en signaler davantage. Dans d'autres affaires, on s'était plaint du trop grand nombre d'articles et du trop long espace de temps qu'ils embrassaient. Il ne manquerait plus que, cette fois, on se plaignît du trop petit nombre et du trop court espace !...... Mais, laissons ces détails, et jetons un coup-d'œil sur les principaux de ces articles.

———————

Le 2 mai, le *Constitutionnel* publie un long article sur un petit livre intitulé : *Examen de conscience*. Il le dénonce comme contenant *un* EXPOSÉ COMPLET *des combinaisons les plus monstrueuses de la débauche, un* TRAITÉ *de corruption, etc.;* et il ne manque pas de dire qu'il est rédigé par un prêtre, *revêtu de l'approbation de deux vicaires-généraux,* et distribué *par les missionnaires.* A la suite, vient un long appel au ministère public, aux pères de famille, auxquels on déclare qu'à l'aide de ce petit livre, *on insinue le poison de la débauche dans les pensions.*

A ce seul exposé, il est facile de reconnaître l'esprit qui a dicté un pareil article. Que signifie, en effet, cette affectation de présenter des prêtres, des vicaires-généraux, des missionnaires comme les propagateurs de la corruption et de la débauche? L'articulation de la distribution publique d'un livre obscène entre les mains de la jeunesse, par des hommes qui doivent, avant tout, enseigner la morale, exciter à pratiquer la vertu, cette articulation elle seule, en même temps qu'elle trahit le mensonge, ne trahit-elle pas aussi l'intention de déshonorer la religion dans ses ministres?

Lorsque nous avons commencé à nous occuper de cette affaire, nous n'avons pas conçu l'idée d'entrer, à l'audience, dans une réfutation de toutes les calomnies du *Constitutionnel*. Cette tâche eût été trop longue: et d'ailleurs, transformer le procès en une sorte d'enquête sur les faits, n'eût plus été le procès lui-même. Le procès consiste, d'après la loi, à apprécier l'*esprit* des articles dénoncés : et, ici, l'ensemble, comme le texte particulier de chacun de ces articles (même abstraction faite de la fausseté ou de la vérité des faits), nous offrent tous les élémens nécessaires d'une décision. Cependant, Messieurs, il est des points sur lesquels il était de notre devoir de vous fournir des documens positifs; ce sont ceux où il s'agit, ou d'objets matériels , ou de choses à l'égard desquelles existent des actes publics, légaux, officiels.

Un document irrécusable existait ici : c'est le livre lui-même. Nous l'avons demandé au ministère des af-

faires ecclésiastiques. Il nous a été remis; et, pour
que vous puissiez le juger vous-mêmes, nous le joignons aux pièces du procès. Vous y verrez si les
reproches du *Constitutionnel* sont mérités. A la
simple lecture, et, en examinant l'ensemble, la nature et le but de l'ouvrage, vous reconnaîtrez que
le désir de tout empoisonner et de faire retomber
sur le clergé la plus odieuse accusation, a pu seul
dicter cette diatribe où les intentions ont été indigne-
ment travesties.

Mais voyez de quoi la haine et la mauvaise foi
sont capables! Ce livret porte en toutes lettres une
approbation du 4 JANVIER 1804.... Au moment où *le
Constitutionnel* imprimait son article, il y avait
donc 21 *ans* que ce petit livre se distribuait sans réclamation dans le but de piété qui lui est propre!
Ainsi, il faut admettre que, depuis 21 ans, tous les
ecclésiastiques, tous les magistrats, toutes les personnes enfin entre les mains desquelles ce livret a pu
tomber, ont été assez infâmes pour vouloir étendre,
par ce moyen, la corruption, ou assez ineptes pour ne
pas voir un danger réel s'il eût existé! Mais *le Constitutionnel* a son but; il se garde bien de parler de
cette circonstance. A lire son article, on croit que
l'ouvrage est tout nouveau : on se récrie contre la
perversité ou l'imprudence des prêtres de 1825; on
maudit la *cagoterie* de la Restauration. Et il se trouve
qu'il s'agit des prêtres de 1804, et de la cagoterie
du Consulat!

Il n'y a pas moyen d'équivoquer ici : les dates sont
certaines. *L'Examen de conscience* (qui n'est, au sur-

plus, que la copie de ceux qu'on trouve dans plusieurs livres de piété), a été rédigé sous l'épiscopat du cardinal Fesch, à l'époque du jubilé accordé par le pape Pie VII, en 1808. M. Cholleton, vicaire-général, prêtre vénérable et éclairé qui l'avait approuvé le 4 janvier 1804, est mort bien avant la restauration (le 25 novembre 1807). L'autre vicaire-général, M. Courbon, qui en a renouvelé l'approbation le 14 janvier 1818, est mort aussi il y a plus de deux ans. Voilà, Messieurs, l'ouvrage qu'a exhumé *le Constitutionnel!*

Et on ne peut pas dire que cette date, si soigneusement cachée par l'auteur de l'article, lui fût inconnue. C'est lui-même qui annonce qu'il a l'ouvrage entre les mains; c'est lui-même qui parle de l'*approbation des deux vicaires-généraux :* or, l'une et l'autre portent la date... Vous jugerez dans quel esprit a été fait un travestissement aussi odieux.

Nous ajouterons maintenant qu'il est faux que l'*Examen de conscience* dont il s'agit se distribue dans toute la France et dans les pensions. Originairement imprimé pour le diocèse de Lyon, il a pu se trouver transplanté dans quelques autres; mais il a toujours eu pour unique destination les gens de la campagne. Et vraiment, avons-nous besoin de dire que, dans les missions, qui se passent partout sous les yeux du clergé local, sous l'autorité des évêques, en présence des parens, des instituteurs, aucune distribution, nous ne dirons pas coupable, mais même imprudente n'est possible, et ne se serait pas prolongée, dans plusieurs diocèses, depuis 21 ans (car le reproche du *Constitutionnel* ne va à rien moins qu'à flétrir le clergé ancien et nouveau) !

Le désir de dégrader la religion en faisant peser sur le clergé l'imputation d'immoralité, se montre à chaque pas dans *le Constitutionnel.* Une déplorable accusation, qui n'était qu'une infâme calomnie, depuis déclarée telle par deux jugemens, a été portée, à Rouen, contre un ministre des autels, qui n'avait d'autre tort que son zèle. N'avons-nous pas vu, toutes les fois qu'il s'agissait de quelque ennemi du Gouvernement, accusé ou du crime le plus grave, ou du moindre délit, certains journaux (qui ne parlent d'impartialité que dans ces occasions), ne les avons-nous pas vus s'écrier: «Eh quoi! vous cherchez à répandre à l'avance des préventions sur le procès! Mais oubliez-vous donc qu'il n'est pas jugé? Oubliez-vous qu'en excitant ainsi les passions populaires, vous pouvez atteindre plus loin que vous ne ne pensez peut-être? que vous pouvez gêner la liberté du magistrat, porter un préjugé dans son esprit, ou du moins rendre plus difficile l'accomplissement d'un devoir d'où dépend l'honneur ou la vie d'un citoyen? Ce citoyen! mais oubliez-vous qu'il est accusé, qu'il est malheureux? et puisqu'il n'est qu'accusé, qui vous dit qu'il est coupable?»

Autre temps, autre langage. Cette fois, il s'agit d'un prêtre. Il semble que plus le caractère devrait ajouter au crime, plus la réserve du journaliste devrait être grande..... Non. Guerre à l'accusé. Qu'importent cinquante-cinq années de vertu, vingt-cinq années d'une administration religieuse irréprochable?

Qu'importent cette bienfaisance, cette simplicité évangélique qu'attestent tant de preuves, tant de témoins? Encore une fois, guerre à l'accusé... car c'est un prêtre. Le *Constitutionnel* n'attend pas ; autant qu'il est en lui, il publie, il répand, dans de nombreux articles, des insinuations. Et cependant il est aujourd'hui souverainement jugé que l'esprit de parti seul avait armé la calomnie contre le pieux curé de Carville !

Ici, Messieurs, une réflexion importante se présente, et les considérations s'étendent. Qu'un système d'opposition s'établisse dans un journal ; qu'il s'élève contre les actes qu'il considère comme tenant à la politique, à la liberté des cultes, aux libertés publiques, aux droits des citoyens ; nous le concevons. Mais, que quittant le domaine de la politique, des libertés publiques, des droits généraux, cette opposition (disons plutôt cette hostilité) s'en prenne aux personnes, pour flétrir leurs mœurs ; que (comme nous l'avons vu tout-à-l'heure, comme plus tard nous le verrons encore), on se plaise à présenter des prêtres comme distribuant le poison de la débauche, et pratiquant eux-mêmes l'immoralité ; qu'un procès contre un prêtre soit une bonne fortune, s'il est bien scandaleux ; qu'on s'empare avec avidité d'un horrible exemple, s'il s'en présente un ; qu'on se plaise à frapper de ces affreux tableaux les imaginations toujours trop faciles à accepter les préventions et à généraliser les idées du mal ; nous disons, Messieurs, (et aucun homme sincère ne nous contredira), que ce n'est plus là une opposition comme la

loi l'entend, la permet; que ce n'est plus une opposition politique, une opposition religieuse, mais un
système de détraction dirigé contre les choses mêmes.
Quel profit, en effet, pour la politique, les libertés
de l'église gallicane, les droits des citoyens, que de
flétrir les mœurs des prêtres, ou de faire réfléchir
sur eux l'horreur de quelque crime atroce ? Quel
profit, Messieurs? il n'en est pas d'autre que de porter atteinte au respect dû à la religion. Qu'on réu-
nisse tous les efforts qu'on voudra, c'est-là la vérité;
et cette vérité restera.

Si jusqu'ici nous avons vu *le Constitutionnel* s'ef-
forçant de flétrir le clergé dans ses mœurs, le voici
qui lui reproche son fanatisme et sa barbarie.

Il est, sans doute, bien permis d'avoir des ma-
nières de voir opposées sur les écoles d'enseignement
mutuel, et de la doctrine chrétienne. Mais, de quel
droit le *Constitutionnel*, si grand ennemi de toute
usurpation de pouvoirs, se permet-il, le 4 mai, à
propos des écoles d'enseignement mutuel, de s'inter-
poser dans l'exercice de l'autorité ecclésiastique
quant à l'administration des sacremens ? Ces écoles
diminuent, dit-il, *parce que* QUELQUES PRÊTRES
FANATIQUES *refusent de faire faire la première communion ou de faire participer aux sacremens* les
élèves de ces écoles, *et parce que* D'AUTRES *refusent
d'admettre aux secours de la charité les parens malheureux qui y envoyent leurs enfans?* Puis il ajoute :
« Voilà les *moyens odieux* employés pour les faire
» tomber. C'est par la *terreur* et la *persécution* QU'ON
» EFFRAYE les uns; c'est par la *misère*, la *faim* et

» *toutes ses horreurs* QU'ON SUBJUGUE les autres. »

Ces écoles diminuent. — Nous ne rechercherons pas si cette allégation est vraie pour toute la France ; et si la cause de la diminution (si elle existe) ne tient pas à une préférence bien libre, bien indépendante, manifestée par des faits. Nous ne vous montrerons pas qu'à Paris, c'est précisément le contraire de l'allégation, qui est vrai. Mais, nous demanderons au *Constitutionnel* de quel droit il impute à des prêtres, de refuser à des enfans, la première communion, les sacremens, parce qu'ils appartiennent à ces écoles ? Qui donc l'a autorisé à se constituer juge entre le prêtre et l'enfant ? qui lui a révélé le secret de la confession ? qui lui a dit que l'enfant fût suffisamment instruit ? C'est-là, Messieurs, une usurpation de droits, une assertion gratuite, une imputation légalement fausse ; et par conséquent nous avons le droit de dire : c'est une calomnie. Nous en avons d'autant plus le droit, qu'en ne nommant personne, le journal fait planer son accusation sur le clergé tout entier. Nous en avons d'autant plus le droit, enfin, que l'accusation, par sa nature, est grave ; et que nous avons vérifié qu'aucune réclamation, aucune plainte n'avait été adressée à cet égard, ni à l'autorité ecclésiastique, ni à la justice, ni à l'administration.

Mais, par quel excès de haine va-t-on jusqu'à imputer à des prêtres de refuser les secours de la charité aux malheureux qui envoyent leurs enfans aux écoles mutuelles ? Vous parlerons-nous, Messieurs, des états officiels desquels il résulte que dans les bureaux de charité où siègent, à côté des curés , les maires (qui alors seraient leurs complices ainsi que tous les membres du bureau de charité) , c'est sans aucune espèce de distinction que plusieurs milliers de malheureux reçoivent journellement , à Paris, des secours dont la meilleure partie doit sa source à la piété , au zèle infatigable , et quelquefois aux privations de ces mêmes prêtres qu'on accuse ici d'inhumanité? Nous dirons seulement, et vous sentirez comme nous, que l'imputation dont il s'agit (et que le *Constitutionnel* a soin de généraliser encore), décèle la haîne, l'injustice, ou plutôt ce fanatisme de persécution que déployent contre les prêtres ces hommes qui se plaignent tant du fanatisme et de la persécution des prêtres.

Des reproches d'immoralité , de fanatisme , et de criante injustice , le *Constitutionnel* passe à celui de cupidité. » Les successeurs actuels de St. Vincent- » de-Paule, nous dit-il, ne sont peut-être pas tout-à- » fait *aussi étrangers que lui aux* INTÉRÊTS TERRES- » TRES, et nous craignons bien que leur zèle *ne soit* » *pas* SANS MÉLANGE.... » Puis vient la *fiscalité des missions.*

Mais , ce qui est vraiment curieux, c'est une note de cet article du 6 mai. Une mission a eu lieu à Besançon en janvier 1825. Croiriez-vous que cette mission a fait *tomber le commerce et diminuer considérablement les produits de l'octroi ?* Vous ne devineriez pas pourquoi ? C'est à cause de l'argent employé pour prix des *chaises , croix, médailles , scapulaires , chapelets , drapeaux, livres de cantiques* et *instructions.* C'est la nomenclature ridicule que le *Constitutionnel* se plaît à donner.)

Si la question était de savoir ce qu'ont rapporté la location des chaises à Besançon , la vente de tous ces objets dont on parle , enfin les dons de ces grandes maisons (qui probablement étaient bien libres de ne pas donner) , nous détruirions facilement tous les calculs du *Constitutionnel ;* et même quant à l'octroi (ce sur quoi existent des documens authentiques), nous montrerions que , loin de diminuer depuis la mission , ces produits ont augmenté. Mais, Messieurs ce serait traiter sérieusement une dérision ; et nous nous nous contenterons de dire , que quand bien même il serait vrai que le commerce et les produits de l'octroi fussent tombés à Besançon , en rendre responsable une Mission , c'est évidemment s'égarer, par le désir acharné de faire retomber tout sur ce qui tient à la religion.

Quant à l'avidité des missionnaires , à la *fiscalité des missions ,* vous pouvez apprécier le but d'une pareille imputation , lorsque vous savez comme nous, que c'est à la fois une règle et un usage , pour les missionnaires , que le produit des quêtes pendant la mission , soit employé sur les lieux, en œuvres pies , ou laissé à la disposition du clergé local , pour les besoins du culte.

Ce n'est certainement pas dans l'esprit d'une controverse religieuse que *le Constitutionnel* du 13 mai annonce que la *commune ci-devant française de Versoix est à la veille d'embrasser le protestantisme ,* et qu'il ajoute : « Privés depuis plusieurs mois d'un

» Curé qui s'y était fait chérir, mais qui s'était ren-
» du coupable, aux yeux de ses supérieurs, du *crime*
» *irrémissible de vivre en bonne intelligence avec les*
» *Protestans* des communes voisines, les catholiques
» de Versoix persistent dans leur refus de reconnaî-
» tre son successeur, et annoncent hautement *leur*
» *projet de se faire protestans, eux et leurs familles,*
» si leurs réclamations sont trop long-temps dédai-
» gnées. »

Laissons de côté ce ton de menace qui, à lui seul,
indique assez la haine. Quel encouragement à donner
aux autres populations, que d'en supposer une qui
tienne si peu à sa foi qu'elle soit prête à l'abjurer parce
qu'on lui a ôté son curé! Et comment ne pas remarquer
ce soin de mettre toujours en présence les protestans
et les catholiques, pour souffler entre eux le feu de
la discorde ?

Qu'un ecclésiastique, jeune encore, secondé par
quelques meneurs, comme il y en a partout, ait réussi
à se rendre momentanément l'objet de sentimens qui
étaient plutôt de l'opposition contre l'évêque, que
de l'affection pour le curé ; que la chaire elle-même
employée à monter l'imagination des paroissiens,
diverses démarches, la révocation d'une première interdiction, une espèce d'ovation indécente ; enfin,
une dernière interdiction survenue après bien des
scandales ; que tout cela ait excité d'abord une
certaine animosité contre l'évêque : cela est possible. Mais, qu'une commune entière abjure la foi de
ses pères ! et pour un pareil motif !... Si cela eût été
possible, pourquoi ce ton de triomphe dans l'annonce

qu'en fait le *Constitutionnel?* Quel sentiment l'anime, si ce n'est la haine de la religion catholique, lorsqu'il s'empresse ainsi d'exciter contre elle à la défection, non par une controverse, mais par l'autorité d'un exemple rentrant lui-même dans son plan général de détraction?

Et, en effet, quel est le motif que le *Constitutionnel* donne à l'interdiction prononcée par l'évêque? *Le crime irrémissible de* VIVRE EN BONNE INTELLIGENCE *avec les protestans des communes voisines:* singulier motif vraiment! Qu'importe au *Constitutionnel* que le curé interdit ait lui-même imprimé que, dès les premières années qu'il passa à Versoix, des *bruits fâcheux* circulèrent sur son compte; que les reproches qu'ensuite lui adressa son évêque étaient à la fois et fort graves, et de plus d'une nature? Il faut toujours marcher au but; il faut animer les Protestans contre les Catholiques; il faut rendre odieux tout ce qui tient à la religion de l'État.

Et, vous le voyez, le *Constitutionnel* insiste; les habitans de Versoix *refusent de reconnaître le successseur du curé interdit.* Qu'importe encore à ce journal qu'un administrateur provisoire et ensuite un nouveau curé aient été parfaitement accueillis par les habitans et par ceux-là mêmes qui, d'abord entraînés dans la faction du jeune ecclésisastique, ont depuis été les premiers à reconnaître la justice de l'interdiction? Que lui importe que la commune de Versoix soit restée catholique, sans qu'un seul de ses habitans ait déserté la foi de ses pères? Encore une fois, on voulait porter un coup à la religion de l'État; on l'a porté.

Or, Messieurs, nous le demandons à tout homme de bonne foi, l'esprit d'un pareil article est-il douteux ? S'agit-il ici de la question religieuse du protestantisme ? S'agit-il de discussion, de controverse ? Non, sans doute : c'est l'esprit de haine qui parle ; c'est la haine qu'on cherche à souffler : on choisit un but, en attendant mieux ; et ce but, on le montre par un exemple. Or, jamais ni la Charte, ni nos lois de la presse, ni le système légal d'aucun pays, n'ont pu autoriser de pareilles attaques.

On retrouve le même esprit dans les articles des 15 et 16 mai. Il s'agit, cette fois, de la ville de Nérac ; et l'on cherche encore à mettre les protestans en présence des catholiques. Il faut lire dans leur entier ces deux articles, pour se faire une juste idée des déclamations qu'ils contiennent. *Voyez les progrès de l'intolérance fanatique !* Voici une VIOLATION FLAGRANTE *du droit de propriété.* Les protestans de Nérac ont été EXPULSÉS *de leur temple. Le curé de Nérac,* A LA TÊTE DE SON CLERGE, *a pris* SOLENNELLEMENT *possession du temple protestant ; un* Te Deum *a été chanté comme si l'on célébrait* UNE VICTOIRE SUR DES ENNEMIS. *Le curé est monté en chaire pour* LANCER L'ANATHÈME *contre les malheureux protestans.* Ceux-ci, PLONGÉS DANS LA CONSTERNATION, *se demandent* DANS QUEL TEMPS *ils vivent, sur quelles garanties ils peuvent compter, et s'ils ne seront pas bientôt forcés d'aller au désert chercher un asile contre* L'INTOLÉRANCE QUI LES POURSUIT. *On a insulté à la douleur des citoyens victimes d'une criante iniquité. Voilà le résultat de l'impunité accordée au fanatisme, c*

Or, Messieurs, lorsque vous lisez de semblables détails, vous croyez que les protestans de Nérac ont effectivement été expulsés de leur temple ; que le curé de la ville en a pris solennellement possession ? Eh ! bien ! il n'y a pas un mot de vrai dans tout cela. Et, cette fois, comme il y a des actes publics, des faits subsistant encore aujourd'hui, laissons de côté les expressions (qui, abstraction faite des choses, indiquent si bien l'esprit de ces articles); interrogeons les choses elles-mêmes.

La difficulté qui existe entre l'hospice civil de Nérac et le consistoire, pour la propriété d'une église dépendant d'un ancien couvent appartenant aujourd'hui à l'hospice, remonte à l'an XII. Elle s'est suivie administrativement. Un arrêté du Conseil de préfecture a donné droit à l'hospice. L'affaire est maintenant soumise au Conseil-d'État.

On se demande, d'abord, où il peut y avoir une *violation flagrante du droit de propriété*, dans une décision légalement prise par l'autorité compétente, et dont il y a appel ?

Quant au reste, voici les documens officiels, publiés dès le 1.er juin dernier. C'est d'abord une lettre du sous-préfet de Nérac.

Lettre du Sous-Préfet.

Nérac, le 23 mai 1825.

« Le *Constitutionnel*, dans ses numéros du 15 et
» du 16 de ce mois, a inséré des articles relatifs à
» une discussion de propriété, qui existe à l'occasion

» du temple protestant, entre la commission admi-
» nistrative de l'hospice de Nérac, et le consistoire de
» l'église évangélique de cette ville.

» Pour ne point supposer au rédacteur la plus in-
» signe mauvaise foi, il faut croire qu'il a été lui-
» même trompé par quelqu'un de ces méchans esprits
» dont la vie est le trouble et l'espérance le mal.

» L'article du 15 contient onze assertions ; cha-
» cune d'elles mériterait un démenti ; je ne répondrai
» ici qu'aux principales, à celles qui ne touchent
» point au fond de la question en litige.

» 1.º *La population de Nérac*, dit le Constitu-
» tionel, *est de 5,600 habitans, dont 2,600 pro-*
» *fessent les doctrines de la réformation.*

» *Erreur.* Le nombre total de la population pro-
» testante de la commune de Nérac, est de 1,148,
» dont seulement *420 intra-muros.*

» 2.º *Le Conseil de préfecture s'est emparé de la*
« *discussion relative à la propriété du temple.*

» *Erreur.* Ce Conseil ne s'est point emparé de
» cette question ; elle lui a été attribuée par décision
» du Comité de l'intérieur du Conseil-d'État.

» 3.º *La sentence a été portée sans que les mem-*
» *bres du consistoire aient été entendus.*

» *Erreur.* Non seulement le consistoire a fourni
» un mémoire explicatif de ses prétentions, mais
» encore il a été entendu sur les lieux mêmes, tant
» par M. le préfet du département, que par le sous-
» préfet, par la commission administrative de l'hos-
» pice, et le Conseil de charité.

» 4.° *Cet acte arbitraire (d'expulsion) a reçu son*
» *exécution.*

» *Erreur.* L'arrêté du Conseil de préfecture qui
» attribue la propriété de l'ancienne église, aujour-
» d'hui temple, à l'hospice, n'a été qu'envoyé, et n'a
» point reçu d'exécution. Loin de là, M. le Préfet, en
» le transmettant, a soigneusement recommandé que
» les choses demeurassent dans le même état jus-
» qu'au jour où les protestans auraient un autre lo-
» cal pour leur servir de temple, volonté qui fut offi-
» ciellement exprimée au consistoire par une lettre
» de M. le Maire de Nérac.

» 5.° *Le curé de Nérac, à la tête de son clergé,*
» *a pris solennellement possession du temple protes-*
» *tant.*

» *Erreur.* Les protestans n'ont point cessé d'être
» dans la plus entière et la paisible possession du
» temple.

« 6.° Un te Deum *a été chanté.*

« *Erreur.* Ne croirait-on pas que c'est dans ce
» même temple ?

« Il est vrai que quelques actions de grâce parti-
» rent pour le Ciel, de l'humble chapelle, refuge
» écarté, où des vénérables Sœurs de Nevers atten-
» dent, en priant, que l'église de l'hospice leur soit
» rendue.

« Est-ce là une offense ? Est-ce là l'insolence d'une
» victoire ?

« 7.° *Le curé monta en chaire pour se féliciter de*
» *son triomphe, et lancer l'anathème sur les mal-*
» *heureux protestans.*

« *Erreur*. Où le curé serait-il monté en chaire ?
» Ce n'est pas dans le temple, puisqu'il n'y entra
» point. Serait-ce dans la pauvre chapelle de l'hos-
» pice ? Il n'y a point de chaire dans ce lieu.

» Non content de ces assertions fausses, *le Con-*
» *stitutionnel* les confirme par un nouvel article
» du 16.

» Enfin, dans tous les deux, il montre le curé de
» Nérac comme un fanatique aveugle, capable d'ex-
» citer à de nouvelles querelles religieuses, et les
» fonctionnaires administratifs comme *tremblans de-*
» *vant l'intolérance et soumis à une condescendance*
» *forcée.*

» Eh bien ! ce curé est un homme dont la sagesse
» égale l'esprit et le savoir ; un de ces prêtres enne-
» mis des fausses doctrines, mais pleins de tolérance
» et de charité envers les hommes ; un de ces apô-
» tres du catholicisme qui marchent sur les pas des
» Feutrier et des Galard, et dont un juif même n'a
» rien à redouter..

« Quant aux fonctionnaires investis de la con-
» fiance du Roi, ils savent la pensée de leur Prince ;
» ils suivent sa volonté, ils ne sauraient mal faire.

« Je terminerai ces explications, Monsieur, en vous
» remettant une lettre que je viens de recevoir de
» M. le Pasteur, Président du consistoire. Elle ne laisse
» rien à désirer sur les faits principaux ; elle m'aurait
» presque dispensé d'entrer dans les détails qui pré-
» cèdent, si je n'avais pas considéré que *les erreurs*
» *du Constitutionnel* devaient être régulièrement com-

» battues, et que le mal qu'elles pouvaient faire irait
» bien au-delà de la petite sphère de Nérac.

« J'ajouterai, pour ce qui me concerne, que je
» démens toute légalisation apposée *par moi* sur la
» pétition dont a parlé *le Constitutionnel*.

« Veuillez, Monsieur, préciser dans cette lettre
» les faits qui vous paraîtront les plus propres à faire
» briller la vérité ; et surtout proclamer que la con-
» corde la plus parfaite règne à Nérac entre les deux
» communions ; qu'il ne s'agit que d'une question de
» propriété telle qu'elle serait entre deux particuliers
» voisins et amis ; que, dans tous les cas, les protes-
» tans de Nérac ne sortiront de leur temple que pour
» entrer dans un autre, et que les soins de l'admi-
» nistration tendent tous vers ce but.

» J'ai l'honneur, etc.

« *Le sous-préfet de Nérac, chevalier de l'ordre*
» *royal de la Légion-d'Honneur.*

De la Bergerie.

Vient ensuite la lettre du Président du consistoire.

Lettre écrite à M. le sous-préfet de Nérac, par M. le
Pasteur, président du consistoire protestant de
cette ville.

Nérac, 22 mai 1825.

« Je me hâte de répondre à votre lettre de ce jour,
» sous le n.º 347.

« Je ne lis plus, depuis long-temps, *le Constitu-*

» *tionnel;* mais un ami de la vérité, choqué des er-
» reurs dans lesquelles est tombé le rédacteur de cette
» feuille, m'apporta le numéro qui les contenait; j'y
» lus avec déplaisir ces mêmes erreurs, dans la pu-
» blicité qu'elle y donne de notre contestation avec
» l'hospice de Nérac, relative à la question de pro-
» priété du temple dont nous sommes en possession
» depuis plus de 20 ans.

« Je n'ai pas différé d'un seul instant à les réfuter
» auprès du rédacteur du susdit *Constitutionnel,* par
» une lettre écrite hier, en ma qualité spéciale de
» Président de mon consistoire; je me flatte que sa
» probité le portera à en faire l'usage qu'il convient
» d'en être fait.

« En le faisant, Monsieur, le public apprendra
» bientôt, sans doute, qu'il est faux, 1.° que le con-
» sistoire n'ait pas fourni un mémoire, non de dé-
» fense devant les tribunaux, mais explicatif de ses
» prétentions à la propriété dudit temple, adressé à
» à M. le sous-préfet de Nérac; 2.° qu'il est faux que
» M. le curé de Nérac en ait pris ou tenté d'en pren-
» dre possession; 2.° enfin, qu'il est faux que les pro-
» testans de Nérac aient été troublés, interrompus
» un seul instant jusqu'à ce jour dans la jouissance
» de leur temple.

« Ce même public y apprendra encore les procédés
» de bienveillance des autorités de cette ville, ten-
» dant au maintien de la bonne harmonie entre tous;
» et, comme personne ne la désire plus ardemment
» que moi, j'éprouve le besoin que cette réponse hâ-

» tive que j'ai l'honneur de faire à votre susdite de
» ce jour, suffise pour en convaincre.

» J'ai l'honneur, etc.

QUATREILS.
Pasteur protestant.

A ces documens, nous pourrions joindre la preuve authentique qu'aujourd'hui encore, les protestans de Nérac sont *en possession* de leur temple.

Voilà, Messieurs, comme on trompe l'opinion publique; comme on suscite des ennemis à la religion de l'Etat; comme en criant concorde, on cherche à semer partout la division!

Et croyez-vous que le *Constitutionnel* insère cette lettre que le Président du consistoire annonce lui avoir adressée directement et de son propre mouvement? Croyez-vous seulement qu'il en parle? Non. Quelques jours après, il parle de la lettre du sous-préfet; et quoique battu par des faits publics, il ose persister en se retranchant sur l'exposé d'une pétition alors présentée à la Chambre des députés. Il parle enfin du pasteur protestant, et seulement de sa lettre au sous-préfet; mais c'est pour affaiblir son témoignage, en disant que la pétition à la Chambre des députés est *signée par lui*. Or, d'une part, le fait est encore travesti, car le Président du consistoire n'a signé que *pour légalisation*; et d'autre part, vous pourrez juger par vous-mêmes combien la pétition était loin d'autoriser les déclamations et les mensonges du *Constitutionnel,* car nous en joignons aux pièces la copie.

L'étendue de la France ne suffit pas au *Constitu-*

tionnel pour mettre en scène le clergé. Tout-à-l'heure nous le voyons dénonçant, à Versoix, l'intolérance d'un évêque suisse. Le voici maintenant dénonçant, dans les Pays-Bas, un *fanatisme aveugle et souvent furieux, des excès révoltans, des prêtres cupides, intolérans, avides d'or et de pouvoir, d'indignes ministres d'une religion de paix et de charité, des serviteurs infidèles d'un prince juste et éclairé.*

Le correspondant qui écrit cet article publié le 10 mai, n'oublie pas les précautions oratoires ordinaires. S'il faut l'en croire, il ne confond pas le clergé avec quelques hommes ; et cependant, quelques lignes plus bas, lorsqu'il a raconté les faits vrais ou faux (nous l'ignorons) d'un exorcisme, ou plutôt d'une escroquerie à laquelle on pourrait croire qu'il a voulu associer un évêque, il s'empresse de dire que cette affaire *ressemble à* beaucoup d'autres *qu'on a étouffées*; que cette *escroquerie ne tardera pas à se* renouveller *avec des circonstances plus graves;* qu'on rend les hommes de la campagne journellement *victimes* de pareilles *friponneries, etc.* Ainsi, comme vous le voyez, si d'une main on fait semblant de resserrer le cercle, de l'autre on l'étend beaucoup. Quant au fond du récit, nous ignorons ce qu'il peut avoir de réel et ce qu'on peut y avoir ajouté. Vous concevez qu'il ne peut être question ici de discuter ni des faits qui se seraient passés dans les Pays-Bas, ni d'autres qu'on place à Rome. Il s'agit surtout et du but et des termes.

Le 19 mai, c'est le tour des missions qui revient. Les missionnaires *colportent des boutiques ambu-*

lantes et FONT LE COMMERCE *en prêchant contre les né-gocians ;* ils vendent des *petits livres à deux sous où la* LICENCE DES EXPRESSIONS *révolte la pudeur timide et ne blesse pas moins la* CHASTETÉ *du cœur que celle du langage ;* leurs *déclamations plus théâtrales que chrétiennes , et toute cette* FANTASMAGORIE *ne cherchent* guère à *sauver les ames.* Ils aiment les missions parce que ce sont des CARAVANES MONDAINES *qui ont plus d'attraits pour de jeunes ecclésiastiques que l'enceinte paisible et monotone d'un presby-tère ;* parce que c'est *une* VIE AVENTUREUSE *plus gaie ,* parce qu'il y a des PREDICATIONS NOCTURNES , des JEUNES FILLES *auxquelles on distribue et l'on enseigne des cantiques ,* des DINERS SOMPTUEUX *ou au moins délicats , où se succèdent les mets renommés de tous les pays qu'on parcourt.*

Comment, Messieurs, dire tout ce qu'il y aurait à dire sur toutes ces imputations? Et sachez que le *Constitutionnel* les répète pour ainsi dire à chaque page, qu'il les reproduit avec complaisance. Et ainsi, quant à ces indignes diffamations relatives aux mœurs, nous lisons, dans la première partie de l'un des articles qui vous sont dénoncés, ces mots : « DES » ECCLÉSIASTIQUES PLUS QUE SUSPECTS DE MAUVAISES » MŒURS (vous voyez que l'accusation se généralise), » *continuent leurs fonctions ;* des missionnaires *ras-* » *semblent le soir, et dans de* MYSTÉRIEUSES CHAPEL-» LES , DES FEMMES qui chantent des cantiques, qui » récitent des oraisons, *où les* ÉLANS D'UNE ARDEUR » MYSTIQUE *portent à des* EQUIVOQUES *que n'excuse* » *pas toujours la simplicité* PRÉTENDUE *de l'inten-* » *tion.* »

Nous le répétons, Messieurs, employer de semblables moyens d'attaque, les renouveller, les généraliser ainsi, ce n'est plus de l'opposition légitime; c'est un système de dénigrement irréligieux.

Mais l'article du 19 mai se termine par une allégation sur laquelle nous devons particulièrement appeler votre attention. On suppose que, dans un bourg des environs de Nancy, les missionnaires plaçaient, derrière le maître-autel, des boîtes d'artifices qu'ils faisaient partir au moment où le prédicateur arrivait au jugement universel. Avons-nous besoin de démontrer, par des preuves positives, comme il nous serait facile de le faire, la fausseté complète de l'allégation? Non, Messieurs, nous avons déclaré que nous ne transformerions pas ce procès en une enquête; mais nous disons que, pour un homme de bonne foi, la calomnie est évidente. Et, en effet, à la seule lecture de l'article, on se demande où on a pu puiser un pareil mensonge, si ce n'est dans le travestissement de l'usage qui existe dans certains pays, d'annoncer au public, par des boîtes tirées au-dehors, le moment de la bénédiction du Saint-Sacrement; ou plutôt dans le souvenir de ces hostilités scandaleuses dont les missions ont été l'objet sous nos yeux mêmes, à une époque où nous vîmes les prétendus amis de la liberté des cultes, se jetter en foule jusque dans l'intérieur de nos églises et troubler les prédications par l'explosion de pièces d'artifices lancées par eux jusqu'aux pieds des autels!

Des missionnaires, le *Constitutionnel* revient aux évêques. Le 25 mai, il nous présente celui de Moulins

donnant, dans toutes les paroisses de son diocèse,
l'ordre de TENIR REGISTRE *de toutes les personnes qui
manqueraient à l'observation de la messe ou des sacremens*, et exigeant qu'*à des époques déterminées* il
lui soit envoyé UNE LISTE *contenant les noms, pré-
noms et qualités des personnes qui n'auraient pas
rempli leurs devoirs religieux.* Puis aussitôt, ce
journal, naguères si grand ennemi des dénonciateurs
et qui ne marche plus aujourd'hui que de dénonciations en dénonciations, appelle sur la tête du prélat
des poursuites judiciaires.

Or, Messieurs, nous déclarons que le fait est faux,
et nous en produirions la preuve écrite de la main
même de l'évêque de Moulins, s'il nous était permis de
compromettre la dignité d'un respectable évêque, en
le faisant descendre, pour une imputation person-
nelle, dans une lutte judiciaire où il n'est pas partie.

Vous ne vous attendez pas à ce que nous entreprenions de rétablir la vérité des faits à l'égard de
tous ces refus de sacremens que le *Constitutionnel* se
plaît à enregistrer chaque jour, ni à l'égard de toutes
ces non-admissions aux prières de l'Église après
décès, qu'il nomme des *refus d'inhumation.* Fidèles
aux principes de la loi, nous laissons encore ici de
côté ce qui rentre dans le domaine de la discussion.
Nous voulons même ne pas relever tous ces termes
aigres qui, partout, décèlent si bien l'hostilité. Mais
vous examinerez dans quel esprit, après avoir parlé
des refus de sacremens, on arrive, dans l'article du
18 mai, à cette conclusion : « Si ceux que vous in-
» sultez, que vous flétrissez autant qu'il est en vous,

» de cette réprobation publique, *vont* FRAPPER A DES
» PORTES MOINS INEXORABLES ; s'ils demandent à
» d'AUTRES MINISTRES du Dieu de tous les Chrétiens
» la prière et l'eau Sainte que vous venez de leur re-
» fuser, avez-vous encore le droit de vous étonner
» et de vous plaindre? »

Vous examinerez encore dans quel esprit (et sur
le seul motif de la prétention attribuée au clergé d'obtenir que le lien civil du mariage résulte de la cé-
rémonie religeuse), on arrive également à cette conclusion : « Le comédien que vous excommuniez, le
» jeune homme qui ne croit pas que l'observance de
» certaines pratiques religieuses soit indispensable à son
» salut, *usent aussi* DE LEUR DROIT, *en implorant*
» DE LA CHARITÉ D'UN PASTEUR PROTESTANT, *ce que*
» *la rigidité d'un pasteur catholique leur refuse.* »

Loin de nous, Messieurs, d'approuver l'intolérance et tout ce qui tient à un zèle exalté. Oui, nous
savons que le premier, comme le plus sublime enseignement de notre sainte religion, c'est la charité ;
nous savons qu'il est surtout des temps où ce n'est
pas par la rigidité, mais bien par l'indulgence, qu'on
peut ramener les hommes. Mais, il faut en convenir
aussi, il est des individus qui entendent singulièrement la tolérance! A écouter leurs cris, on devrait
croire qu'ils la pratiquent ; ils sont les plus intolérans
des hommes. Ils parlent de charité, d'indulgence ;
ils en parlent pour toutes les religions dissidentes,
(oui, pour toutes, car à voir leur ardeur, il sem-
blerait qu'ils sont de toutes à la fois) : mais, pour
la religion de l'Etat, où est-elle donc cette charité

dont ils répètent si souvent le nom? Qu'ils critiquent les actes que l'élévation de leur source rend dignes de l'attention publique, nous le comprenons; et (s'ils le font avec décence, comme cela doit toujours être en un pareil sujet), nous serons quelquefois les premiers à leur applaudir. Mais que, chaque jour, ils aillent rechercher jusqu'au fond du dernier village, si un desservant, quelquefois inexpérimenté et dont ils ont soin de dissimuler la jeunesse, a tenu avec exigeance à la lettre de certaines règles ; qu'à chaque pas les Ministres de la religion trouvent, entre eux et leurs paroissiens, un journaliste prêt à les signaler et le plus souvent à les travestir aux yeux de la France entière, nous le demandons, est-ce là de la tolérance? Mais, ces hommes qui suivent comme une ombre le prêtre catholique, nous parlent-ils quelquefois du Docteur juif, du Ministre protestant? L'espionnent-ils dans la synagogue, dans le temple? Y vont-ils épier chaque fait pour l'empoisonner, chaque règle pour la dénoncer? Non; c'est contre la religion catholique seule, qu'ils déchaînent leurs fureurs. La Charte, en la proclamant *religion de l'État*, lui donnait du moins des droits à l'égalité: non; il faut que ce soit un culte avili. Pour elle seule sont les censures; pour elle l'espionnage, pour elle les mensonges, les dénigremens de toute espèce! Préférence singulière! Et c'est là de la *tolérance!....* Dans d'autres temps aussi on répétait beaucoup ce mot, et il fut surtout un homme qui l'écrivait souvent ; mais, dans ses jours de franchise, il ajoutait : *Ecrâsons l'infâme.* Serait-ce donc là encore la tolérance de nos jours?

Eh! quoi, les leçons ne nous profiteraient point!
Mais, ne les voyez-vous pas ces prêtres qu'hier
on marquait au front, ne les voyez-vous pas, martyrs
nouveaux, s'avancer en légion, au milieu des autels
détruits, et effacer, de leur sang, votre mot *tolérance*,
à chaque fois que vous l'écrivez? . . .

Imprudens! Cessez d'exciter une trop funeste
haine; cessez d'égarer les esprits; et ne vous éton-
nez pas si l'organe de la loi vient vous dire que, vous
qui parlez de droits, vous outrepassez tous les vôtres
lorsque, joignant un perfide conseil à une fausse le-
çon, vous concluez du droit du prêtre à suivre telle
règle, fût-elle rigoureuse, au droit pour chacun d'abjurer sa religion.

Le 5 juin, c'est l'évêque de Perpignan qu'on met
en scène. Nous n'entrerons pas dans les détails propres à démontrer combien les circonstances et l'intention des faits ont été travesties. Mais, vous retrouverez le même esprit dans cet article suivant où le journaliste présente comme une *violation de la loi fon-
damentale*, de la *liberté des consciences*, l'hommage
de respect qu'il dit avoir été exigé, à l'égard du
signe révéré de notre religion, de trois voyageurs
protestans, passant auprès d'une procession. Toujours vous le voyez, l'idée fixe de rendre odieuse la
religion de l'Etat; idée, au surplus, à laquelle on
sacrifie tout jusqu'à la raison, car enfin, on oublie
que les protestans révèrent aussi la Croix!

Suivez le *Constitutionnel* dans une autre ville; et
il vous fera assister à une prétendue scène de prédi-
cation, dont il n'indique pas le lieu; scène évidem-

ment falsifiée, et dont, suivant un système important
à remarquer sans cesse, on se plait à généraliser l'i-
dée, en l'offrant comme un *trait ajouté à l'étrange
physionomie de la France constitutionnelle.*

Vient ensuite un article qui nous force, tout d'a-
bord, à une réflexion ; un moyen commode et sûr
pour répandre des attaques est de ne nommer ni les
lieux, ni les acteurs des scènes qu'on raconte. Par ce
moyen, on rend impossible toute réclamation, toute
vérification ; et chaque lecteur effrayé se dit : « il y
» a cependant des endroits où cela se passe ! » A
peu près comme, au début de la révolution, on ré-
pandit le même jour, par toute la France, le bruit
sinistre de ces ravages que chacun plaça dans le village voisin, ne les appercevant pas dans le sien. C'est
surtout dans l'article du 11 juin qu'il faut voir l'exécution de cette tactique. Le *Constitutionnel* publie
une prétendue lettre de *plusieurs commis voyageurs*
qui ne nomment aucun lieu ; vous la lirez, et vous
y trouverez un ramas d'allégations qui tendent toutes
à l'éternel but de rendre la religion odieuse.

Ici, c'est un homme bien pieux qui, dans ses derniers momens, appelle *un prêtre autre que le curé de
sa paroisse.* LE PASTEUR EN CHEF (c'est l'expression),
est blessé de ce choix. LE PASTEUR SUBALTERNE
(c'est encore l'expression), soit *sur défense,* soit *par
crainte, refuse son ministère ; le malade meurt sans
confession ; que fait le curé ? Il condamne les restes
du défunt à être enterrés dans un endroit réservé à
la classe inférieure, voisinage auquel il attache une
idée d'ignominie ; la famille recourt au commissaire*

de police qui donne l'ordre d'aller au cimetière ; le curé survient et veut donner des ordres contraires ; il veut qu'on enlève le drap tendu devant la maison, qu'on retire la bière du corbillard ; il s'oppose à la marche du convoi, menace les ouvriers ; enfin, le maire arrête le scandale ; le corps du défunt est porté à la paroisse ; mais le clergé l'avait désertée, et un nombreux cortège remplace par les prières les chants de l'église.

Là, c'est *un jeune homme qui, appellé à Paris par des affaires de famille, veut, avant de quitter son village, visiter sa petite église, prier pour son vieux père, implorer la bénédiction du Ciel, et s'approcher de la Sainte-Table ; mais le* CURÉ LE REPOUSSE, *en disant que Paris est une* BABYLONE NOUVELLE, *et que quiconque y va, ne saurait* COMMUNIER DIGNEMENT.

Le Journal continue : « *N'allez point chercher les* » *prêtres*, dit-on quelquefois, *ils ne viendront pas* » *vous chercher : c'est une erreur.* Un père de famille » racontait que son curé était venu à deux fois LE » RELANCER CHEZ LUI, et lui enjoindre de remplir les » devoirs du catholique ; j'étais comme FORCÉ D'OBÉIR, » poursuivait ce brave homme, J'AI OBÉI A CONTRE » CŒUR ; j'ai fait *une confession dont je demande* » *pardon à Dieu ; mais est-ce ma faute, et le péché* » *n'est-il pas sur* LA CONSCIENCE DU PRÊTRE ? »

« *Lorsqu'on ne va pas trouver les prêtres, et lors-* » *qu'ils ne viennent pas vous trouver*, il ne faut pas en- » core S'EN CROIRE QUITTE, car on peut *les rencontrer.* » Une procession occupait la route ; un cabriolet se pré-

» sente et s'arrête ; *les personnes qui étaient dedans*
» *attendent et gardent un religieux silence ; toutes*
» *les prières étant finies,* TOUTES LES BÉNÉDICTIONS
» DONNÉES, BÉNIES ELLES-MÊMES, ces personnes s'a-
» vancent par un passage que leur ouvrent les assis-
» tans ; mais *le ministre de paix accourt d'un air peu*
» *pacifique :* vous ne passerez pas s'écrie-t-il ; — De
» grâce, M. le curé, nous attendons depuis 20 mi-
» nutes ; la grande route est large.. — Non, non, *vous*
» *ne passerez pas ;* je vous *ordonne de me suivre;* vous
» NE DEVEZ PAS VOYAGER LE DIMANCHE, et si je fai-
» sais mes plaintes!..... Ne voulant pas lutter *contre*
» *un prêtre irrité,* les voyageurs suivirent lentement
» la procession jusqu'au village. »

Enfin, ce sont bien d'autres scènes encore, toutes
plus ou moins odieuses, plus ou moins ridicules,
dont, partout, l'acteur coupable est un prêtre, et pour
le détail desquelles nous sommes forcés de vous ren-
voyer au Journal lui-même.

Nous le répétons, Messieurs, sur tous ces points,
le Constitutionnel s'est mis à l'abri de toute vérification, nous ne dirons pas seulement de la part du
ministère public, mais de la part de toute autorité
ou de toute personne intéressée. Que si, par hazard,
voulant changer la nature de ce procès, on venait
nous apporter, sur ce point comme sur d'autres, de
ces certificats, de ces prétendus actes de notoriété
dont chacun connaît la valeur, que l'esprit de parti
dicte à l'esprit de parti, que le besoin de la défense
obtient de la complaisance, de la faiblesse, ou de
l'amitié ; repoussant comme nous devrions le faire,

des actes indignes de votre confiance, un système de défense illégal, nous ne pourrions y voir qu'un piège tendu aux magistrats placés dans l'impossibilité physique d'opposer aucune contradiction à des déclarations ou mendiées ou concertées. Mais, c'est toujours dans le texte de la loi qu'il faut rentrer; et vous examinerez encore dans quel *esprit* est rédigé un pareil article.

Parvenus à ce point de la discussion, il est bon que, jettant un coup - d'œil en arrière, nous nous fixions sur quelques vérités légales.

Lorsque, dans un journal, un prêtre est nommément diffamé, soit quant à ses mœurs, soit quant à l'accomplissement de ses devoirs publics, il a, contre le journaliste, l'action en diffamation. On comprend que, souvent, la juste crainte de compromettre son caractère dans un débat judiciaire le portera à ne répondre à l'attaque que par le mépris. On comprend aussi que, souvent, le silence prendra sa source dans l'ignorance même de l'attaque. Mais, enfin, il y a eu possibilité de la défense; cela suffit à la loi. Que sera-ce, au contraire, si le journaliste, en diffamant, ne nomme pas? Où sera la possibilité de la défense? Où sera même, de la part des supérieurs ecclésiastiques, la possibilité de la vérification des faits, et de la censure ou de la punition, s'il y a lieu? La défense est impossible; l'utilité de la publication manque. Et dès-lors, nous le demandons, où en sont les intérêts des individus, et du clergé tout entier? Des individus? mais, ils sont frappés en traître par un ennemi qui les réduit à la nécessité de se désigner eux - mêmes, et qui, au même instant, leur échappera par une dénégation! Le clergé? mais, quel dommage ne souffrira-t-il pas d'une attaque qui subsistera contre tous, dès que personne en particulier n'aura pu s'en laver? Ainsi, Messieurs, le journaliste qui ne nomme pas, fait le mal pour le mal ; il dépose contre lui-même ; il prouve que ce n'est plus de l'opposition qu'il fait , mais du scandale , du dénigrement, de la calomnie; en un mot, il se met en dehors du système légal de tout pays, mais surtout d'un pays libre, car il n'accepte pas la responsabilité de ses actes.

Si cette première idée générale est vraie, nous avons déjà fait un grand pas dans notre recherche ; car il ne faut pas oublier qu'il ne s'agit pas ici de délits spéciaux , mais de *l'esprit* du journal. Continuons : cette première vérité nous conduit à une autre.

Diffamer nommément un individu, n'est pas diffamer tout un corps ; mais diffamer successivement tous les individus de ce corps, ou presque tous, c'est évidemment *porter atteinte à la considération* du corps même ; en d'autres termes (et suivant la loi), c'est *diffamer*. Ainsi, le journal qui diffame une fois un prêtre, ne nuit pas à la considération de tout le clergé. Mais, si aujourd'hui, demain, tous les jours, on le voit diffamer un prêtre, un évêque, un religieux, diffamer, diffamer encore ; si on le voit, en un mot, tenir la réprobation comme suspendue sur la tête de tout membre du clergé, il est certain qu'il portera les atteintes les plus funestes au corps entier.

Mais, des attaques ainsi répétées contre tout le clergé ne vont-elles pas plus loin ? Quel bien pourra faire à la religion un corps ainsi flétri chaque jour ? Quelle sera l'utilité des conseils qu'il voudra déposer au sein de la jeunesse et des familles ? Il invoquera la confiance; et les préventions lui répondront. Partout signalé comme l'ennemi de tous les intérêts publics, il ne trouvera partout que des ennemis. Partout rendu suspect dans ses mœurs, il ne pourra plus rien sur la morale publique. Que quelques hommes de première ligne réussissent, à la longue, à vaincre ces dispositions funestes : quel ne sera pas encore le reste et l'ensemble du mal !

Et, lorsqu'on aura ainsi décrédité le clergé, n'arrivera-t-il pas que les masses sauront achever (ou, si l'on veut, confondre) le raisonnement, et qu'elles concluront des ministres à la chose, des prêtres à la religion ?

N'en doutez pas, Messieurs, il en sera, il en est ainsi; et en cette matière, l'abstraction n'est pas possible. Contesterait-on ce point ? Nous citerions une autorité irrécusable dans la cause, c'est celle du *Constitutionnel* lui-même, qui nous dit : « La foi est » ébranlée par le doute, et la doctrine me devient suspecte dès qu'elle est *démentie par les actes de celui qui l'enseigne.* Le ministre *qui brave* » *le Dieu qu'il sert* n'est plus a mes yeux que le » plus méprisable des impies, et sous l'habit du » *faux pasteur,* l'athée s'est révélé. »

Ainsi, Messieurs, voilà un point bien établi. Présenter sans cesse les ministres de la religion *comme*

démentant par leurs actes les doctrines qu'ils en-
seignent, c'est *ébranler la foi et rendre suspecte la
doctrine ;* offrir, tous les jours, aux yeux de ses lecteurs, des *ministres qui bravent le Dieu qu'ils ser-
vent,* c'est exciter à *l'impiété,* à *l'athéisme.* Cette vérité n'avait pas besoin de l'assentiment du *Constitutionnel*; mais il importait de l'établir. Elle nous four-
nit cette conséquence légale que des diffamations
répétées contre le clergé, un plan systématique de
dénigrement, portent atteinte au respect dû à la religion.

Maintenant, Messieurs, interrogez - vous la loi ?
Elle vous fait cette question : « L'ESPRIT de la *suc-*
» *cession d'articles* qui vous est déférée est-il DE NA-
» TURE *à porter atteinte au* RESPECT DU A LA RELI-
» GION DE L'ÉTAT ? » L'application des principes et
du texte est déja bien facile. Mais, achevons la carrière.

Le *Constitutionnel* du 16 juin quitte un instant
les personnes ; mais c'est pour en imposer sur les
choses. Il revient sur les écoles de la doctrine chrétienne : et ne semblerait-il pas, à l'entendre, que ces
écoles pèsent d'un poids énorme sur le peuple ?
qu'elles y pèsent seules ? Et cependant, le budget est
là qui atteste que l'enseignement primaire tout entier
(y compris l'enseignement mutuel lui-même, et les
innombrables écoles autres que celles de la doctrine
chrétienne), reçoit de l'État la modique somme de
50,000 francs, à répartir sur toute la France ! Des
dons volontaires pour l'enseignement mutuel ! Mais,

qui jamais a pu les empêcher ! Le mot ne répond-il pas lui-même ?

Partout, Messieurs, même travestissement des choses. Nous ouvrons le budjet de la ville de Paris; et nous y voyons qu'en 1822, les écoles d'enseignement mutuel recevaient 38,000 francs ; qu'en 1823, elles ont reçu 41,500 francs; enfin, qu'en 1824, elles ont reçu 43,000 francs. Nous y cherchons vainement les écoles de la doctrine chrétienne : et nous apprenons que, quelques-unes seulement, formant partie des écoles primaires d'ancienne fondation, reçoivent de très-faibles secours ; que toutes les autres ne subsistent précisément que par des *dons volontaires*, auxquels se joignent des secours que les hospices partagent encore entre elles et les écoles d'enseignement mutuel ! En sorte qu'il faut précisément retourner en sens inverse les propositions du *Constitutionnel !* Et voilà sur quelles bases se forme l'opinion publique !..... Nous joignons, au surplus, aux pièces, les documens officiels qui, sur notre demande, nous ont été donnés à cet égard.

Le 19 juin, encore un évêque; c'est celui de Châlons-sur-Marne. « *Encore un nouvel empiètement de* « *l'autorité ecclésiastique, mais celui-là d'une* telle » importance, *qu'on peut à peine concevoir qu'un* » *évêque n'ait pas craint de se le permettre... Voyez* » *l'ambition* du clergé, *ses projets d'envahisse-* » *ment !.. Voilà un évêque qui, d'un trait de plume,* » se place au-dessus des lois, *au-dessus du pouvoir* » *exécutif, et qui ne reconnaît ni l'existence des* » *unes, ni les droits de l'autre !* N'est-il donc pas

» évident que LE CLERGÉ (vous le voyez, *le clergé,*
» sans distinction) *n'attend que le moment favora-*
» *ble pour s'emparer du pouvoir temporel ?*

Lorsque vous entendez toutes ces déclamations,
vous croyez effectivement, Messieurs, qu'il s'agit
d'une usurpation qui tient aux bases mêmes de l'É-
tat, ou au moins d'une prétention relative à la politique. Eh bien! il s'agit de ce qu'un évêque, chargé,
par l'ordonnance du Roi du 8 avril 1824, de la sur-
veillance des écoles primaires catholiques de son diocèse, désirant avoir une garantie pour le texte des
ouvrages donnés aux enfans pour leur éducation élé-
mentaire, a exigé des maîtres d'écoles catholiques,
par une circulaire, qu'ils n'achetassent que telles
éditions de dix ouvrages élémentaires, la plupart religieux, tels que le *Psautier,* les *Épîtres* et *Évangi-*
les, l'ancien et le nouveau Testament; et cela chez
l'imprimeur même chargé d'en exécuter l'impression!

Vous comprenez, Messieurs, que nous n'entrerons
pas ici dans l'examen de la question de droit : libre
au *Constitutionnel* d'être sur ce point d'un avis et de
discuter; mais dans quel esprit les déclamations
que nous venons de rapporter, et qui sont étrangères à la question? Dans quel esprit aussi omettre,
dans la citation qu'on fait de la très-courte circulaire
(qu'au surplus nous joignons encore aux pièces du
procès), les quatre lignes où l'évêque explique ses
motifs et son but ?

Nous ne parlerons pas des 25,000 fr. que le *Con-*
stitutionnel du 21 juillet présente comme le prix du
privilége, somme qui se réduit à celle de 4,000 fr.

payable en 20 années et applicable au séminaire. Nous passons à un sujet plus grave ; et nous le dirons, Messieurs , ce n'est pas sans un regret véritable que nous nous voyons forcés de vous en entretenir dans cette audience publique. Il le faut pourtant ; et comment ne vous signalerions-nous pas une des plus déplorables perfidies du *Constitutionnel ?*

Nous l'avons déjà dit, partout où il y a des hommes il y a des fautes : hélas ! il y a aussi des crimes ! Un forfait exécrable a été commis dans le département de l'Isère, et la justice a rempli son devoir avec zèle. Mais le théâtre du crime était voisin de la frontière ; et le coupable a réussi à se soustraire à l'action des autorités françaises. Depuis, le Gouvernement voisin , guidé par des motifs sur lesquels il ne nous appartient pas de prononcer, a cru devoir se charger lui-même de punir le scélérat, et il l'a précipité dans un cachot pour le reste de ses jours.

Certainement, si le coupable n'était pas un prêtre, la colère du *Constitutionnel* ne serait pas la même. Et qui sait si, dans telle occasion donnée, nous ne le verrions pas même s'irriter contre les hommes qui se montrent altérés du sang d'un coupable, quel qu'il soit ? Mais un homme a profané le caractère sacré dont il était revêtu ; quelle bonne occasion à saisir ! Comme l'horreur s'augmente de l'affreux contraste , on s'en empare : la position est excellente ; on y tient donc, et tous les jours, en 1825, on revient sur le crime de 1822. Serez-vous dupes, Messieurs, de cet acharnement , sous quelques belles paroles qu'on en déguise l'objet ? Non, sans doute ; et vous direz : La haine seule peut s'efforcer ainsi d'allier dans l'esprit du peuple ces deux mots étonnés d'être ensemble : *prêtre* et *crime*. Le chrétien qui respecterait la religion de son pays ; l'écrivain, et surtout le journaliste, qui écouterait ces lois de décence publique que tous nous portons dans le cœur, loin de se plaire à appeler sans cesse les regards de ses concitoyens sur un si horrible tableau, y jeterait bien plutôt ce voile de douleur, dont nous voyons chaque jour les familles s'efforcer de couvrir les monstruosités qui viennent à naître dans leur sein.

Le *Constitutionnel* du 22 juin revient donc sur ce curé Maingrat, dont le nom figure si souvent dans ses feuilles depuis trois ans.

Bientôt après, une occasion analogue se présente ; il la saisit avec avidité, et s'empresse d'annoncer au public qu'un prêtre vient d'être arrêté comme prévenu de plusieurs crimes capitaux. Huit jours après, il revient sur ce sujet, renouvelle et étend son annonce.

Sur ce dernier point, il ne peut pas non plus être ici question du fond de l'affaire, qui n'est encore que dans l'état d'une instruction dirigée, à raison de deux crimes, contre deux prévenus. Mais, encore une fois, Messieurs, c'est à vous à apprécier l'esprit de ces annonces empressées dont il semble qu'en pareil cas plus d'un motif devait faire abstenir, et qui font un singulier contraste avec certains principes et quelquefois avec certain silence.

Parlerons-nous maintenant de ce prétendu rapt de Lyon, que le *Constitutionnel* accuse la justice de n'avoir pas poursuivi (et qu'elle aurait effectivement eu du mal à poursuivre, puisqu'il n'y avait eu qu'un service éminent rendu à une jeune fille qui allait se donner la mort)? Puis, de ce *moine de* L'ESPÈCE DITE CAPUCINS, qui a paru à Nantes et qui y a jeté L'IN-QUIÉTUDE? Puis, de la *fortune colossale* de ces trapistes de la Meilleraye, *dont le pays se passerait volontiers ?* Puis, de ces couvens qui envahissent Nantes? puis, de leurs immenses acquisitions? Nous ne finirions pas si nous entreprenions de rétablir la vérité sur tous ces points. Comment, cependant, ne pas vous montrer comme on envenime tout?

Cinq ou six vieillards, proscrits pendant la révolu-tion comme religieux et réfugiés en Espagne, rani-més dans l'amour du pays par l'aspect des Français, ont voulu revoir leur patrie avant de mourir. Ils sont venus, à diverses époques et séparément, portant le seul habit qu'ils eussent. Un d'eux, né dans le dépar-tement des Côtes-du-Nord, après avoir été visiter son berceau, est revenu par Nantes pour s'embar-quer. Voilà le fait qui donne lieu à effrayer le pu-blic, à parler *d'inquiétude,* et même à dire qu'elle était fondée!

Il est un autre fait public. C'était autrefois l'ordre des Franciscains qui occupait quelques-unes de nos *missions du Levant,* établissemens si utiles au com-merce français. Ce commerce réclamait, et réclame chaque jour, en faveur de ces missions, maintenant presque entièrement détruites. On n'a pas même pu trouver, parmi quelques-uns de ces anciens religieux réunis en Dauphiné, de quoi subvenir aux besoins.

Quant aux trapistes de la Meilleraye, les documens publics abondent sur cette réunion d'hommes qui, par leurs vertus, comme par les services qu'ils rendent tous les jours à l'agriculture, font en quelque sorte l'admiration d'une province entière? Réunîs, pendant la révolution, en Angleterre (où la détraction ne les poursuivait pas), ils en ont apporté les fruits de leurs sueurs et une inconcevable industrie agricole. Ils se sont placés au milieu de landes désertes, et leurs fronts penchés vers la terre en ont bientôt fait, aux yeux du pays étonné, des terres fertiles. Un rapport sur l'agriculture, fait au Roi en 1821, et rendu public, signala ces religieux à la reconnaissance de la France (nous le joignons aux pièces). En 1824, trois départemens voisins votèrent des fonds pour établir auprès d'eux une école pratique d'agriculture (nous en joignóns aux pièces la preuve authentique). Cette année même, un autre départementa fait encore le même vote. Le vénérable abbé de la Meilleraye figure dans l'Almanach royal , comme membre du Conseil d'agriculture. L'hospitalité de ces religieux, leurs aumónes , les bienfaits de tous genres qu'ils répandent, épuisent à un tel point le produit de leurs travaux, qu'indigens véritables au milieu de l'abondance , ils ont eux-mêmes besoin de la charité qu'ils font. Voilà, cependant, Messieurs, ces hommes dont on dénonce la *fortune colossale*, et qu'on cherche à déprimer en disant que *le pays s'en passerait bien !*

Le 23 juin, on revient sur l'épiscopat; et cette fois, on signale le scandale de son luxe. Vous lirez, Messieurs, tout l'article, et vous verrez quelle est l'inconvenante affectation des tableaux qu'on y trace. Le budjet fait foi que le traitement des évêques est de 15,000 fr., et celui des archevêques de 25,000 fr. Si la plupart des départemens y ajoutent volontairement, c'est une preuve qu'en général on ne considère pas ces sommes comme suffisantes, eu égard à la position. Cela n'empêche pas *le Constitutionnel* de dénoncer le luxe des évêques.

Mais, voyez comme l'intention se trahit à chaque mot ! Tout-à-l'heure *le Constitutionnel* dénonçait aussi les curés de campagne; et il les présentait comme percevant, malgré les lois, les *redevances d'autrefois.* « Elles se perçoivent, dit-il, à *la manière tur-* » *que, au moyen d'avanies.*» Et tout-à-coup, le voici qui s'appitoye sur le sort des curés! vous comprenez que c'est pour attaquer plus facilement les évêques. « Si les curés et les desservans des églises de cam- » pagne, dit-il, n'ont pas assez, c'est que *d'autres* » *ont trop.* C'est au vice de la répartition qu'il faut » attribuer l'espèce de gêne et d'indigence du CLERGE « VÉRITABLE; du clergé qui visite le pauvre en sa » cabane, qui s'assied au lit du malade et lui apporte » de pieuses consolations. » Enfin , dit le journal, » pour compléter le nécessaire des pasteurs de vil- » lage, il suffit de retrancher au SUPERFLU DE L'ÉPIS- » COPAT, des *missions* et des *congrégations.* » Toujours mêmes reproches de luxe, d'avidité.

Or , Messieurs , si vous savez à quoi vous en tenir pour l'Épiscopat (et vous remarquez bien que le *Constitutionnel* parle encore ici sans distinction) , nous ne pouvons pas non plus laisser tomber de nos mains les documens publics sur les deux autres points. Les missions à l'intérieur de la France ne reçoivent , de l'État, aucun fonds depuis la restauration. Et (ce qui est assez remarquable) plusieurs décrets de 1806 et de 1807 attestent que Buonaparte leur donnait des secours.

Quant aux missions étrangères et congrégations d'hommes , elles reçoivent 36,000 f. Avant le décret de 1809, elles touchaient , sous Buonaparte, à-peu-près autant. Sous Buonaparte aussi , les congrégations de femmes recevaient 129,000 f. Deux seulement de ces congrégations ont été créées depuis : il leur a été accordé 19,000 francs. Voilà , Messieurs , ce qui a été fait , depuis la restauration, pour les missions et congrégations ! Et avons-nous besoin de dire ce que l'État, les sciences même doivent à ces pieux missionnaires qui vont porter les lumières de l'évangile , et protéger notre commerce jusqu'à l'extrémité du monde? Qui ne sait les services que rendent à l'humanité ces respectables femmes qui se dévouent au soulagement de toutes les misères ?

Vous pouvez apprécier maintenant toutes les déclamations du *Constitutionnel*, et l'esprit qui a pu dicter un pareil travestissement des documens publics les plus certains.

Depuis longtemps , c'est l'habitude des ennemis de l'ordre, de se servir, pour faire le mal, du mal qu'eux-mêmes ils ont déjà fait. Lorsque c'est le *Constitutionnel* qui a organisé ce système nouveau d'hostilité qui consiste à remplir chaque jour ses colonnes d'accusations ou de diatribes irréligieuses ;

lorsque c'est lui qui publie ce qu'il nomme sa *gazette ecclésiastique*, le voilà qui remarque, le 24 juin, qu'il *n'est plus question dans les journaux, que d'évêques, de curés, de vicaires, de moines, de bulles, de confession, de communion, d'indulgences, etc.*; et qui conclut de là que c'est L'EXPRESSION DE LA SOCIÉTÉ : singulier raisonnement, sans doute ! Puis, après être encore revenu sur les *diamans*, les *pierreries*, *l'or*, *les précieuses dentelles qui couvrent les Princes de l'Église* (encore une fois, c'est toujours en masse), le voilà qui s'encourage à continuer ; car il ne voit autour de lui que *superstition, fanatisme*, etc.

Mais, *le Constitutionnel* se démasque presque entièrement, le 2 juillet. Après avoir adressé à ses lecteurs une sorte de *circulaire*, pour les engager à recueillir de toutes parts ce qu'ils pourront découvrir de mal à dire du clergé, il passe à un conseil. Et d'abord, il déclare qu'il *n'approuve pas la conduite de tous ceux dont il enregistre les plaintes.*

Vous croyez, Messieurs, qu'il leur reproche de falsifier quelquefois les faits ; d'interpréter avec trop d'aigreur les paroles et les actions des prêtres ; ou enfin d'exagérer singulièrement toutes choses ? Non ; et ici, le texte est précieux ; le voici : « Nous » croyons, par exemple, qu'il serait plus sage et plus » convenable de *s'abstenir d'aller dans une Église,* » que de s'exposer à des scènes fâcheuses, lorsqu'elles » sont à redouter du caractère connu du ministre » des autels ; nous croyons que le meilleur moyen » de *vivre en paix* avec certains membres du clergé

» est DE NE POINT S'ADRESSER A EUX : nous pen-
» sons que l'on peut prier Dieu partout ailleurs
» qu'à la paroisse , AVEC BEAUCOUP MOINS DE
» SCANDALE , et par conséquent avec beaucoup plus
» de piété. *Il y a long-temps que pour la première
» fois* NOUS AVONS ENGAGÉ les personnes qui CRAI-
» GNAIENT *d'être* MAL REÇUES (il suffit de CRAINDRE
» *d'être mal reçu*) par LES PRÊTRES (toujours des gé-
» néralités) A NE PAS LES ALLER TROUVER , et que
» nous avons dit à celles *qui ne croient pas pouvoir*
» S'EN PASSER : acceptez les conséquences d'une dé-
» termination libre et volontaire. Mais, nous n'en
» faisons pas moins la part et de la *faiblesse humaine*
» et de la situation difficile des habitans des dépar-
» temens; nous savons à combien de *tracasseries,*
» à combien de PRÉJUGÉS ils sont en butte. Il faut
» bien du courage pour rompre de VIEILLES HABITU-
» DES , pour braver mille *petites vexations,* pour
» faire *autrement que ne font les autres,* pour résis-
» ter à toutes les *influences de famille ;* et l'on ex-
» cuse de braves gens qui voudraient concilier un
» peu de repos et de liberté avec leurs COUTUMES
» RELIGIEUSES. »

Est-il besoin de commentaires, Messieurs? Voilà
qui est positif; cette fois, c'est aux choses même
qu'on s'en prend : on excite à abandonner tout devoir religieux. Et ce conseil , croyez-vous que *le
Constitutionnel* n'y insiste plus, lorsque d'autres journaux en ont signalé la perfide audace? Non : et sous le
prétexte de le justifier, il le reproduit le 6 juillet, et
cherche même à le fortifier (singulier blasphème !)

par une parole divine qu'il détourne de son sens..

L'article ne s'arrête pas là. Reprenant ces citations de faits que, par fatigue, il a bien fallu que le Ministère public laissât de côté, on arrive à cette conclusion : « *Terminons ces récits divers par la lettre » suivante:* ON LA PRENDRA, SI L'ON VEUT, POUR UNE » MORALITÉ ». Or, quelle est cette *moralité ?* c'est une lettre par laquelle un sieur Raynaud, peintre, annonce au public qu'il vient d'abjurer la religion catholique et de se faire protestant, lui et son jeune enfant !

Ou nous nous trompons, Messieurs, ou il n'y a plus ni lois, ni magistrats, dans un pays où de pareilles attaques pourraient être tolérées. Non, ce n'est plus là la liberté de la presse; c'est la licence avec tout son scandale, avec tous ses dangers.

L'insertion de cette lettre du sieur Raynaud, ramène encore le curé Maingrat et d'effroyables lithographies dans lesquelles le peintre a eu soin de placer toujours la scène odieuse en présence du St.-Sacrement ou de la Croix. Malgré leur indécente horreur; malgré le consentement écrit donné à leur saisie ; malgré la justice déjà faite par la Chambre des Pairs d'une réclamation à cet égard , la lettre reproduit des plaintes dont *le Constitutionnel*, par cette publication, se rend l'organe !

Un ordre consacré au soulagement des aliénés existait autrefois, et avait fondé, dans différentes provinces, des maisons où on les recevait. Chacun sait qu'il y a peu de départemens en France qui aient des maisons spéciales d'aliénés; et que, dans la plupart des autres, la justice et l'administration, forcées de veiller à la sécurité publique, sont à cet égard dans le plus grand embarras. Tantôt, c'est dans les prisons qu'on est forcé de confondre ces malheureux avec des prévenus ou des condamnés. Tantôt, c'est à Paris qu'on les expédie furtivement, pour les jeter sur des places publiques et s'en débarrasser, en surchargeant ainsi les hospices de la Capitale. Ces inconvéniens ont frappé quelques religieux, qui ont conçu l'idée de faire, en même temps auprès du Gouvernement et des particuliers, les efforts nécessaires pour obtenir la faculté de soigner encore les malheureux. Il faut voir comment *le Constitutionnel* du 14 juillet (en parodiant un *Prospectus* que vous pourrez lire, car nous le joignons encore aux pièces), leur reproche leur ambition ! Ils veulent le MONOPOLE DES HÔPITAUX ! leurs *légions conquérantes* appellent *toute la génération ; cela fera une belle conscription, etc.*

Mais, le cercle s'étend tout-à-coup pour le Journal ; et il s'en prend à tous les ordres religieux en masse. Ils parlent de pauvreté ; mais entrez dans leurs PALAIS, dans leurs HÔTELS, *dans leurs cellules* RESPLENDISSANTES D'OR , *de* DIAMANS , D'ÉLÉGANTES BRODERIES !

De l'avidité des religieux, *le Constitutionnel* revient, le 21 juillet, à la *fiscalité* des prêtres. *Un malheureux maçon, père de cinq enfans, ruiné par une longue maladie, meurt.* On va chez le curé : il apprend que la veuve ne peut pas *payer le service ;* il le refuse en disant : « *J'en suis bien fâché, le prêtre* » *vit de l'autel , et je ne travaille pas pour rien.* » On ᵗ *le prie de prêter* au moins *le drap mortuaire ; même refus.*

En rapportant ce fait, *le Constitutionnel* prétend qu'*il aime à en douter.* Mais alors, pourquoi le rapporter ? Pourquoi ajouter, quelques lignes plus bas, qu'on lui *transmet souvent* d'autres traits analogues ? Pourquoi, enfin, avoir soin de placer la scène dans un *village voisin de Paris*, sans autre désignation ? Nous avons déjà dit qu'il y avait tout avantage dans cette méthode : on évite les actions en diffamation, les démentis. Et nous pourrions citer telle allégation presque pareille qui, depuis le procès même, a été sur-le-champ prouvée mensongère, parce que cette fois, au moins, on avait nommé par son nom le village des environs de Paris dont on parlait.

Nouveau trait de fiscalité. Des enfans (on ne dit pas encore où), ont eu à payer *cinq sous par tête* pour les frais de leur confirmation ! d'où *le Constitutionnel* part pour insinuer que les parens auraient mieux fait DE GARDER CHEZ EUX, ET LEURS ENFANS, ET LEUR ARGENT. Encore, vous le voyez, attaque contre les choses, atteinte au respect dû à la religion : on présente comme inutile l'accomplissement des devoirs qu'elle prescrit !

Enfin, voyez la fiscalité de l'Église dévorer tout à Châlons ! Il est question de *prendre sur les centimes additionnels*, pour suppléer aux quêtes faites pour les frais de *grilles, de chœur, de stalles, de chapelets, de tableaux, etc.*, puis de *cloches qui coûteront* 25,000 *fr.*

Prouverons-nous qu'il n'y a pas eu d'imposition communale, qu'il n'y a pas eu de quêtes pour les grilles, pour le chœur, pour les stalles, pour des chapelets, pour des tableaux? Ce serait vous fatiguer de détails qui n'appartiennent pas à la cause.

Enfin, *le Constitutionnel* rend compte, le 25 juillet, d'un fait qui s'est passé à Bar-sur-Aube, et qu'il prend aussitôt sous sa protection, car il s'agit d'insultes à une procession. Mais, c'est la procession d'un *octave ;* et aussitôt il la nomme une PROCESSION ARBITRAIRE. De là cette question : « Les processions » à jour fixe, *qu'on peut en conséquence* NE PAS » RENCONTRER, EN SE RENFERMANT CHEZ SOI, peu- » vent-elles donner lieu aux mêmes *exigeances* et » aux mêmes RIGUEURS, si elles se renouvellent au » bout de la huitaine, *par le bon plaisir de quel-* » *ques membres du clergé*, bon plaisir dont les ci- » toyens ne sont pas légalement avertis ? »

Quant aux détails du fait, il nous appartient d'autant moins de vous en instruire, Messieurs, que l'affaire viendra prochainement au fond, devant vous, sur l'annullation pour incompétence d'un jugement portant condamnation : (nous joignons, au surplus, le dossier aux pièces). Vous lirez, dans l'article du *Constitutionnel*, les termes dans lesquels, dénaturant la procédure, accusant d'injustice le tribunal de Bar-sur-Aube, et s'empressant de faire apparaître exclusivement la loi du sacrilège (lorsque le jugement, au contraire, est principalement fondé sur le code pénal) il se constitue le juge du procès, le détracteur du jugement, et traduit les magistrats à son propre tribunal.

Telle est, Messieurs (autant que nous avons pu la parcourir), la *succession d'articles* dont *l'esprit* vous est déféré.

Déjà, nous avons fixé les principes légaux. Nous avons reconnu que des diffamations répétées contre les ministres de la religion de l'Etat, soit en masse, soit en particulier; des attaques injurieuses fréquemment renouvellées contre les choses et les personnes; enfin, un dénigrement perpétuel de tout ce qui tient à la religion de l'Etat, *portaient atteinte au respect dû à cette religion*. Nous ne reviendrons pas sur ces vérités.

Mais, nous vous demanderons si ce n'est pas, en effet, porter ces atteintes funestes, que de représenter les Ministres de la religion, les uns comme corrompant la jeunesse par des livres obscènes; les autres refusant jusqu'aux secours de la charité aux malheureux dont les enfans fréquentent telles écoles; ceux-ci trafiquant des objets sacrés; ceux-là ennemis acharnés de toute une partie de la population, violateurs de la propriété; les uns ne recherchant que des diners somptueux, et réunissant, pendant la nuit, dans de mystérieuses chapelles, des jeunes filles, des femmes; les autres faisant partir des boîtes d'artifice derrière l'autel; ceux-ci livrés au luxe et à la mollesse; ceux-là disputant le denier du pauvre; partout intolérans, fanatiques, avides d'or, de pouvoir, méprisant les lois, et ennemis de toutes les libertés publiques? Nous demanderons si ce n'est pas porter atteinte au respect dû à la religion de l'Etat, que de se plaire à fixer les regards du public, là sur une accusation d'immoralité contre un prêtre; ici sur le crime atroce d'un prêtre; plus loin sur la prévention de plusieurs crimes capitaux contre un prêtre; plus loin encore sur une escroquerie par un prêtre? Nous demanderons si ce n'est pas porter atteinte au respect dû à la religion de l'Etat, que de présenter cette religion comme pesant partout sur le peuple, et prête à absorber la France entière par la multiplicité et la richesse scandaleuse des établissemens religieux? Nous demanderons enfin, si ce n'est pas porter atteinte au respect dû à la religion de l'Etat, que de présenter les cérémonies de son culte comme oppressives; d'engager les citoyens à s'éloigner de l'accomplissement de leurs devoirs religieux; et en dernière analyse, de leur conseiller ouvertement d'abjurer cette religion.

Ce que vous avez à juger, Messieurs, ce n'est pas un *délit spécial*; c'est L'ESPRIT *de cette succession d'articles.* Habitués à défendre tous les intérêts de la société; témoins, à diverses époques, des désordres de la presse périodique, et de l'insuffisance de la législation ordinaire à son égard, qui mieux que vous peut sentir l'importance de la haute attribution qui met entre vos mains la *police des journaux?* Au point où en est arrivé, en France, l'art d'écrire, il n'y a guères d'attaques qu'un écrivain habile ne puisse colorer de manière à échapper à la loi correctionnelle, en faisant tout le mal qu'il veut faire. Et que sera-ce si, tenant à sa disposition des milliers de lecteurs quotidiens, il peut, à son aise, préparer, diriger, pervertir leurs esprits ? Oui, Messieurs, la loi a été sage, lorsqu'elle vous a confié un pouvoir qui s'étend au-delà de vos pouvoirs ordinaires : elle a placé le remède à côté du mal.

Ce mal est grand, lorsque c'est à la base même de l'édifice social, qu'on s'en prend. Et malheureusement n'est-ce pas là le scandale même qu'enfin nous avons été forcés de vous dénoncer ?

Qu'on vienne maintenant se jeter dans des discussions qui ne sont pas les nôtres ; qu'on s'emparaut de quelques actes qu'il ne nous appartient ni de blâmer, ni d'approuver, on s'empare aussi du mal même qui s'est autorisé de ces prétextes ; qu'on ressuscite un procès fameux, et qu'on arrive armé sur ce point des plus imposantes autorités : on peut le faire (et sans doute, ici, ce sera avec talent, comme aussi avec plus de convenance que ne l'a fait, depuis trois mois, le journal même qui vous est déféré). Mais, encore une fois, ce ne sera pas là le procès.

Ces graves écrivains, ces illustres magistrats, dont on évoque aujourd'hui les ombres, mais oublie-t-on qu'ils furent, avant tout, les défenseurs zélés de la religion ? que les uns, vivant dans un siècle religieux, n'avaient pas à craindre et à combattre l'impiété ; que les autres, dans ces luttes célèbres, n'avaient pas à défendre encore l'immuable base de toutes choses ? Oublie-t-on, enfin, que quand elles apparurent, ces attaques dirigées contre la religion par un philosophisme dont nous avons goûté les fruits, ce furent ces mêmes magistrats qui, les premiers montèrent à la brèche, et déchirèrent le voile dont, alors aussi, l'irréligion se couvrait ?..... Vous invoquez leurs noms ? Mais, si vous interrogez ces souvenirs glorieux qui, sous nos yeux même, lient l'ancienne magistrature à la nouvelle, ne voyez-vous pas que leurs noms déposent contre vous ! Vous vous emparez de leurs paroles ? Mais vous les retournez contre leurs principes ! Vous les appellez pour juges ? Mais ils ont condamnés vos maîtres ! Ils les ont condamnés !.... Et bientôt eux-mêmes, emportés par le torrent funeste, ils ont péri !

Ah ! Messieurs, ce n'est pas à des hommes comme vous qu'on en impose par des paroles. Ce n'est pas à eux qu'on fait accepter ces préoccupations qui confondent les époques et les choses. Appellés par la loi à juger ces directions perfides qu'on cherche à donner à l'opinion publique, vous verrez le but et le danger. Vous défendrez la religion de l'État ; vous repousserez de vains prétextes : et c'est ainsi que vous montrerez que la magistrature française ne répudie pas le vénérable héritage de ses devanciers.

FIN.